AF232290

DU SACRE

DES ROIS DE FRANCE

JUSQU'AU XIX⁰. SIÈCLE,

ET DE CE QU'IL DOIT ÊTRE A CETTE ÉPOQUE.

PARIS,

Chez DELAUNAY, Libraire, au Palais-Royal,
Galerie de Bois.

1819.

DU SACRE
DES ROIS DE FRANCE

JUSQU'AU XIXe. SIÈCLE,

ET DE CE QU'IL DOIT ÊTRE A CETTE ÉPOQUE.

Au moment où le Monarque vient de déclarer à la nation française, en présence des Chambres, l'intention de se faire sacrer à l'exemple de ses prédécesseurs, il n'est pas sans intérêt d'examiner quelle a été jusqu'ici cette cérémonie, et ce qu'elle doit être maintenant : telle sera la division de notre travail.

Du Sacre avant le dix-neuvième siècle.

Clovis, le premier des Rois chrétiens de France, est aussi le premier dont nos annales attestent le Sacre.

Il étoit naturel qu'un prince qui attribuoit à la protection du Dieu des chrétiens la victoire qui lui assuroit l'empire, se montrât reconnoissant envers cette religion ; il l'embrassa : le plus grand nombre de ses compagnons d'armes et de ses sujets imitèrent son exemple.

Cet événement se passoit en 496.

La politique et la piété l'engagèrent également à consolider son trône par la nouvelle religion. L'influence dont jouissoient alors dans ses états les ministres du culte chrétien le détermina à recevoir la couronne de leurs mains.

Saint Remy, évêque de Rheims, sacra Clovis, et le vainqueur de Tolbiac prosterna son front dans la poussière devant l'Eternel et devant l'Eglise triomphante.

Cette cérémonie sembloit ne devoir être qu'un acte religieux ; mais le clergé, profitant habilement de sa position, en fit un acte à la fois de religion et de politique.

Le prince dut prêter des sermens, et le *premier* fut de maintenir *les droits canoniques*, *les priviléges* et *la juridiction* des ministres des autels.

Il est juste d'observer qu'au cinquième siècle, et pendant plusieurs de ceux qui le suivirent, ces priviléges et cette juridiction tournèrent au profit de la nation et de l'humanité.

Dans ces temps de barbarie où la force étoit le droit, et la violence ou la perfidie, les moyens ; les peuples foulés par un peuple de tyrans trouvoient du moins au pied des autels ou auprès de leurs ministres un asile assuré. C'est aussi à l'inviolabilité des monastères que nous devons la conservation des lettres et des sciences, dont les religieux entretinrent le feu sacré dans les cloîtres.

Les fils de Clovis, et depuis eux tous leurs successeurs suivirent, jusqu'à notre époque, l'exemple du fondateur de la monarchie française.

Philippe Auguste et plusieurs autres Rois firent divers changemens dans les cérémonies du Sacre; le dernier des édits rendus à ce sujet est celui de Louis XIV en 1711.

Depuis ce prince jusqu'à ce jour, les Rois prêtèrent cinq sermens à leur sacre.

Le premier en faveur du clergé, ainsi que nous venons de l'annoncer.

Immédiatement après, et ceci est remarquable, le clergé demandoit *au peuple, suivant l'ancienne formalité*, disent les procès-verbaux, *s'il acceptoit ce prince pour Roi.*

Le Roi proclamé, venoit le serment dit *du Royaume* prononcé en latin, sans doute pour en éviter le scandale; l'article 4 de ce serment est ainsi conçu :

« Je promets, au nom de Jésus-Christ, au
» peuple chrétien qui m'est soumis, *de m'appli-*
» *quer sincèrement et de tout mon pouvoir à*
» *EXTERMINER de toutes les terres soumises à*
» *ma domination les hérétiques nommément con-*
» *damnés par l'Église,* » etc......

Cette partie du serment du Royaume y fut introduite en 1226 lors de la consécration de Louis IX, alors enfant, et sur la proposition d'un *Dominicain.* Ce bon religieux, qui préférait le séjour de la cour à celui de son cloître, regardoit sans doute comme une œuvre méritoire de faire charitablement *exterminer*, au nom de Jésus-Christ, des chrétiens qui différoient avec la cour de Rome sur quelques points de croyance; le tout pour la grande gloire de Dieu et de saint Dominique.

Le troisième serment est celui de l'Ordre du Saint-Esprit.

Le Roi s'y engage à n'admettre parmi les commandeurs et officiers de cet ordre que *des gentils-hommes de trois quartiers paternels*.

Par le quatrième serment, concernant l'ordre de Saint-Louis, il est dit que le Roi fera observer l'édit de Louis XIV, qui statue *que tous grands' croix, commandeurs, chevaliers et officiers ne pourront être autres que catholiques, aposto-liques et romains*.

Enfin le serment contre le duel est le cinquième et dernier; il porte *qu'il ne sera accordé aucune grâce et abolition à ceux qui se trouveront pré-venus du crime de duel ou rencontre préméditée*.

Sous Clovis les moines et les prêtres étoient à peu près les seuls qui sussent écrire : or, pour constater les actes non écrits, les Francs avoient l'usage de les consentir en présence de douze té-moins. Cette coutume se retrouve dans les céré-monies du Sacre.

Les douze personnages les plus éminens y assis-toient sous Clovis, et parmi eux se trouvoient quatre dignitaires ecclésiastiques : les huit laïcs étoient *le maire du palais*, *le connétable*, *le camérier*, aujourd'hui grand chambellan, le *bouteiller* ou grand échanson, *le référendaire* ou chancelier, et trois comtes qui, disent les chroniques, *ducem super se non habebant*.

Lorsque le Royaume fut démembré et que plusieurs provinces eurent des souverains particuliers, relevant de la couronne de France, ces souverains-vassaux, comme les plus élevés en dignité, remplacèrent les grands officiers de la maison royale; ils furent appelés Pairs : parmi eux, l'on vit même quelquefois des Monarques étrangers; des Rois d'Angleterre assistèrent en personne, comme ducs de Normandie, au Sacre des Rois de France.

Ces Sacres eurent lieu, pour la plupart, dans la ville de Rheims, et plusieurs papes en accordèrent même le privilége exclusif à cette ville et à ses évêques.

Toutefois l'on compte vingt Rois sacrés hors des murs de Rheims : de ce nombre furent Charlemagne et ses fils, Charles-le-Chauve, Louis-le-Bègue et ses fils, Saint Louis et Henri IV; neuf Empereurs ou Rois de France furent sacrés par des papes, indépendamment de la cérémonie de ce genre faite de nos jours et sous nos yeux.

Depuis la mort de Charlemagne, les Rois de France ont conservé l'usage de notifier au chapitre royal d'Aix-la-Chapelle le décès du dernier

Roi et le Sacre du nouveau. Ce chapitre célèbre dans cette circonstance un service solennel pour le Roi décédé, et chante un *Te Deum* pour son successeur. Cette coutume s'est continuée jusqu'au Sacre de Louis XVI inclusivement, quoique la ville d'Aix-la-Chapelle fût sous une domination étrangère.

Nous nous abstiendrons de rapporter ici les nombreux et singuliers détails de la cérémonie religieuse des Sacres, tels que la députation de deux évêques-pairs auprès du Roi pour le conduire au temple; les deux refus qui leur étoient faits, par le grand chambellan, en leur répondant, sans ouvrir : « *le Roi dort,* » et l'ouverture des portes à la troisième demande; leur entrée auprès du Roi couché sur un lit de parade.

Les trois changemens de vêtemens par le Roi pendant la cérémonie; la prosternation qui consistoit à ce que le Roi soit couché sur le ventre auprès de l'archevêque devant l'autel.

Les onctions avec la sainte ampoule que l'archevêque *Hincmar* déclara au neuvième siècle avoir été apportée du ciel par une colombe, quoique saint Remy, qui le premier en fit usage trois cent cinquante-quatre ans avant Hincmar, n'ait rien dit de la miraculeuse colombe, et que le père de l'Histoire de France, *Grégoire de Tours*, ait gardé le même silence sur ce fait.

La formalité des offrandes consistoit dans le vin

contenu dans un vase précieux, en deux pains d'or et d'argent massifs, nourriture fort agréable au clergé rémois ; et enfin dans une bourse pleine de pièces d'or, acceptée par esprit de pauvreté chrétienne, en récompense de quoi l'archevêque permettoit au Roi de lui baiser trois fois la main.

Nous n'entretiendrons pas nos lecteurs de la *haquenée* destinée à porter la sainte ampoule, et dont les habitans d'un village voisin réclamèrent la remise, comme ayant jadis repris la précieuse fiole sur les hérétiques, et de la grave décision de Louis XVI à ce sujet.

Nous ne parlerons pas davantage de la fameuse cavalcade qui avoit lieu le lendemain du Sacre, ni de tant d'autres circonstances aussi intéressantes.

Mais nous allons examiner si le dix-neuvième siècle n'est pas indigne de tant de belles choses.

Du Sacre au dix-neuvième siècle.

Si le Sacre n'étoit qu'une cérémonie religieuse, nous ne nous en occuperions pas ici ; mais, devenu en même temps un acte politique, son examen est important, indispensable même.

Et d'abord, des cinq sermens prêtés jusqu'ici aux Sacres, quatre sont en opposition directe avec la Charte, et le cinquième, violé chaque jour, est au moins inutile.

Le serment par lequel les Rois s'engageoient à

maintenir les priviléges, les droits et la juridiction du clergé, est entièrement contraire aux art. 1 et 2 de la Charte.

Depuis trente ans ces droits, ces priviléges, cette juridiction ecclésiastique sont abolis, et les droits et la juridiction des membres du clergé sont les mêmes que ceux des autres citoyens français.

Le second serment, celui dit du royaume, par lequel les Rois juroient d'*exterminer les hérétiques*, violeroit les art. 5 et 7 de notre loi constitutionnelle, comme il violoit les droits de la justice et de l'humanité.

Les Rois de France au dix-neuvième siècle ne peuvent, ne doivent *exterminer* que les criminels et les ennemis du nom français.

Qu'un moine furieux, abusant de la foiblesse d'un Roi de douze ans, ait, dans un siècle ignorant et superstitieux, substitué sa rage à la douceur du fondateur de la religion chrétienne, l'histoire n'en offre que de trop fréquens exemples. Mais un prince sage autant qu'éclairé règne aujourd'hui sur les Français. Tous les cultes chrétiens sont également protégés, et aucun des autres n'est prohibé.

Chaque Français peut maintenant rendre hommage à la Divinité par le culte qu'il croit lui être le plus agréable : Dieu est aujourd'hui le seul juge des hommages que lui rendent les mortels.

Le temps des massacres des Albigeois, celui

des Camisades et des Dragonades sont passés pour toujours; celui de toutes les querelles religieuses le sera bientôt.

Venons au serment de l'ordre du Saint-Esprit et à celui de l'ordre de Saint-Louis.

Le prince s'y engageoit à n'admettre dans ces deux ordres que des *catholiques romains*, et pour celui du Saint-Esprit il promettoit de n'y recevoir que des *gentilshommes de trois quartiers paternels.*

Ces deux sermens sont inadmissibles d'après l'art. 2 de la Charte.

L'art. 71 porte il est vrai « que la noblesse » ancienne reprend ses titres et que la nouvelle » conserve les siens; » mais cet article n'a rétabli que les *anciens titres* et non les *anciens droits* de la noblesse.

Conserver à l'ancienne noblesse le privilége d'être admis à *trois quartiers paternels*, dans l'ordre du Saint-Esprit, seroit en exclure la noblesse nouvelle. Or, il seroit doublement injuste de rejeter les fondateurs de leur race, lorsque l'on admettroit des hommes dont tout le mérite, pour le plus grand nombre, réside dans le fondateur de la leur.

Si un ordre institué par le voluptueux Henri III, pour illustrer ses *mignons*, est d'une telle nature que des nobles seuls soient dignes d'y être admis, que tous ceux du moins que la Charte qualifie ainsi y soient tous admissibles : quand notre siècle a vu des millions de roturiers français faire preuve de noblesse dans les combats, source de toute noblesse, et tant d'anciens nobles tenir une conduite si roturière, les Français n'ont-ils pas tous des droits au moins égaux à toutes les dignités ?

Ces droits d'ailleurs ne leur sont-ils pas assurés par la Charte ?

Cette loi fondamentale de l'État a aboli tous les priviléges ; or, réserver l'ordre du Saint-Esprit à un petit nombre d'individus seroit rétablir un de ces priviléges : et pour qui ?.....

Tous les Français sont également admissibles à tous emplois civils et militaires.

Voudra-t-on distinguer les dignités des emplois ?

Mais si ces dignités sont des priviléges, elles sont *ultrà* constitutionnelles, anti-françaises.

Quand on a usé et abusé du droit égal d'admission de tous les Français aux emplois civils et militaires, pourquoi se refuser à l'application de ce principe dans une chose qui ne compromet en rien la vie ni la fortune des citoyens ?

N'avons-nous pas vu des hommes qui depuis un quart de siècle avoient oublié le métier des armes, et d'autres qui n'avoient jamais manié une épée, occuper les premiers grades d'une armée dont le dernier soldat en savoit plus qu'eux ?

N'avons-nous pas vu des marins qui n'avoient pas monté de vaisseaux depuis vingt-cinq ans prendre le commandement de nos bâtimens ? Et si ce fait étoit oublié, n'est-il pas gravé en caractères de sang dans la relation de l'effroyable naufrage de la frégate *la Méduse ?*

Si donc l'on a admis dans les deux professions les plus importantes des hommes qui y étoient aussi étrangers, quels inconvéniens si grands y auroit-il à décorer d'une dignité les citoyens les plus illustres dans la carrière civile et militaire, quand même ils seroient *gentilshommes à trois quartiers paternels ?* De tels choix seuls peuvent donner un nouvel éclat à cet ordre.

La loi a rendu aux anciens nobles leurs titres et a conservé ceux de la nouvelle noblesse : obéissance est due à la loi.

Mais l'opinion, qui a des lois indépendantes de celles écrites, l'opinion, dont la force a de nos jours renversé l'homme le plus puissant de l'univers, réprouve une institution contraire aux mœurs de la génération vivante et à l'histoire contemporaine.

Que les anciens nobles se parent à leur gré des titres pompeux qui leur plaisent, la loi le leur permet. Mais l'opinion ne reconnoît de noblesse que celle acquise par des services *réels et personnels.*

Quant à la condition d'être catholique, apostolique et romain pour être membre de l'ordre du Saint-Esprit et de celui de saint Louis, elle est en opposition avec l'équité, l'intérêt et la loi de l'État.

C'est assez dire qu'elle ne peut subsister.

Il nous reste à parler du cinquième serment, celui du duel.

Un serment qui ne peut s'accomplir n'est pas seulement un acte inutile, il devient immoral, et rend celui qui le prête criminel par le parjure.

Lorsque les mœurs d'une nation rendent quelqu'une de ses lois impraticable, il seroit sage de l'abolir; car il est dangereux d'accoutumer les peuples à voir des lois rester sans exécution.

Mais combien ne l'est-il pas davantage de voir un Monarque prêter un serment qu'il ne peut remplir ?

Louis XVI jure à la face du ciel et de la terre de maintenir les lois qui portent la peine capitale contre les duellistes ; il proteste « de n'exempter » à l'avenir aucune personne pour quelque cause » et considération que ce soit de la rigueur des » édits, et de n'accorder aucune grâce et abolition » à ceux qui se trouveront prévenus des crimes de » duel ou rencontre préméditée. »

Et peu d'années après il se voit placé entre le parjure ou la mort de deux princes de son sang.

Le duel est l'effet d'une opinion fausse sans doute, mais toute puissante, qui, plaçant un Français entre la mort ou le déshonneur, lui fait braver la première pour éviter l'autre.

Les lois sont impuissantes là où l'opinion commande ; il faut la changer ou lui obéir.

Le serment contre les duels n'a été et ne seroit encore qu'un serment de se parjurer.

Après avoir démontré que des cinq sermens prêtés au Sacre quatre sont contraires à la Charte constitutionnelle, et que le cinquième est inexécutable, et par conséquent immoral et criminel, il nous reste à examiner ce que le Sacre des Monarques français peut et doit être au dix-neuvième siècle et sous l'empire de la Charte constitutionnelle.

Si on le réduit à une cérémonie purement religieuse, le Sacre n'est plus qu'une affaire de liturgie et d'étiquette : un prélat et le grand-maître des cérémonies peuvent en fixer les formalités ; mais s'il continue d'être un acte tout à la fois religieux, civil et politique, *une loi* devient nécessaire pour en régler les deux dernières parties, et le consentement des Chambres est alors indispensable.

Le premier, ou plutôt le seul serment à y prêter, est celui de maintenir la Charte constitutionnelle.

Ce serment, qui comprend tout ce qui intéresse le Monarque et le peuple français, nous paroît devoir être prêté non-seulement par le Roi, mais encore *par son successeur immédiat.*

Voici nos motifs à cet égard :

Louis XVIII a *octroyé* la Charte dont la France lui est redevable, et sans laquelle sans doute la patrie eût été livrée aux troubles et à la confusion.

Mais ce prince ayant établi par ce fait que la Charte a été de sa part un don volontaire, et non un contrat synallagmatique, il s'ensuit que ses successeurs pourroient révoquer le don de leur prédécesseur, comme un acte personnel à ce prince.

Nous nous flattons qu'aucun d'eux ne seroit assez aveugle sur l'intérêt et la sûreté de son trône pour risquer une telle tentative ; nous pensons qu'il ne s'en trouveroit jamais qui répudiât ce noble et important héritage que leur léguera l'auguste auteur de la Charte : toutefois le sort de la nation française et celui de la monarchie ne peuvent être abandonnés au hasard d'une conjecture.

Si Rome compta parmi ses Empereurs un *Tibère* et un *Néron*, la France eut ses *Louis XI* et ses *Charles IX*.

Il suffit donc que l'objet de nos craintes soit possible, pour qu'il doive être prévenu.

Le moyen de parvenir à ce but nous paraît être de rendre une loi organique portant qu'après le décès du Roi régnant, son successeur et le prince appelé immédiatement après lui par l'ordre de succession établi, seront tenus de prêter, dans un délai déterminé, soit au Sacre, soit en présence des Chambres et des autorités indiquées, le serment de maintenir la Charte constitutionnelle.

Ici s'élève une question d'une haute importance et que voici :

Qu'arriveroit - il dans la supposition du refus par le prince régnant, ou par son successeur immédiat, de prêter le serment prescrit ?

Le bon sens indique la réponse à cette question ; mais on ne peut se dissimuler que ce cas n'ayant pas été prévu par la Charte, des esprits timides s'inquièteront de voir dans une loi une disposition dont l'effet seroit, dans la situation prévue, d'intervertir l'ordre de succession au trône.

Cependant cette considération peut-elle balancer les dangers résultant du refus supposé de maintenir la Charte ? Faut-il, par un scrupule irréfléchi, laisser la nation et le trône à la merci des événemens qu'il est facile de prévoir dans cette supposition ?

Non, sans doute ! et l'intérêt du peuple français comme celui de la monarchie lèveront tout doute à cet égard.

La loi que nous proposons devroit donc statuer que la couronne ou le droit d'y succéder passeroit au successeur immédiat du prince qui auroit fait le refus.

Ce serment à l'égard des princes mineurs seroit fixé à l'époque de leur majorité.

Cette mesure préviendroit les inquiétudes de la nation sur les intentions de ses Rois lors de leur avénement , inquiétudes qui sans cette précaution se renouvelleroient au décès de chaque Monarque.

La loi dont il s'agit est un complément indispensable de la Charte ; elle ne seroit sans cette loi qu'un bienfait viager placé sur la tête du prince qui l'a donnée, ou de chacun de ceux de ses successeurs qui jugeroit à propos de l'imiter, mais sans aucune garantie pour la France ni pour le trône à chaque nouveau règne.

Après avoir considéré le Sacre sous des points de vue généraux, nous traiterons en peu de mots quelques objets secondaires qui s'y rapportent.

Où se fera le Sacre, et quelles seront ses cérémonies ?

La consécration de vingt Rois hors de Rheims prouve assez que si l'exemple de Clovis, sacré dans cette ville, fut suivi par le plus grand nombre de ses successeurs , ils ne s'y crurent cependant pas obligés.

Il en est de même des cérémonies particulières du Sacre.

Plusieurs Monarques français les ont réglées ou modifiées selon leur volonté ; or, tout fait aujourd'hui une loi de les mettre en harmonie avec l'état physique du prince et l'état moral de la nation.

La ville de Rheims réclame déjà l'ancien usage comme son droit , comme sa propriété ; mais aux temps où nous vivons, on ne peut se dissimuler que ce grand acte ne peut s'exercer dans un lieu plus convenable et plus digne de son objet que la Capitale.

Au surplus que le Sacre, s'il a lieu, soit fait dans la ville de Rheims ou au sein de la Capitale, peu importe.

Ce qui importe, c'est qu'une loi organique en règle la partie civile et celle politique, et que l'on fasse disparoître tout ce qui contraste avec la loi fondamentale ; c'est surtout que l'on saisisse cette circonstance pour offrir à la nation française une garantie de ses institutions, c'est-à-dire de son repos, de son bonheur et de la sûreté de la monarchie elle-même.

Imprimerie de COSSON, Successeur de M. Bossange, rue Garencière, N°. 5.